LA CUISINE

PENDANT

LE SIÉGE

RECETTES

POUR ACCOMMODER LES VIANDES

DE CHEVAL ET D'ANE

ET EN PRÉPARER UNE NOURRITURE AGRÉABLE

SUIVIES

DE CONSEILS SUR LA CONSERVATION OU L'UTILISATION
DE DIVERSES SUBSTANCES

Par M. DESTAMINIL

Chef de cuisine

PARIS

LIBRAIRIE DES VILLES ET DES CAMPAGNES

18, RUE SOUFFLOT, 18.

A un état social nouveau il faut des lois nouvelles, un code nouveau. L'introduction dans l'alimentation publique d'animaux jusqu'à présent restés en dehors, nous a paru demander un *Cuisinier* nouveau, un Code de recettes nouvelles.

Telle est la raison du livre que nous publions aujourd'hui. On y trouvera, puisées aux meilleures sources, les recettes les plus propres à faire entrer avec avantage dans les habitudes de la vie ordinaire l'usage des viandes de *cheval*, de *mulet* et *d'âne*. Nous y avons joint quelques conseils, empruntés à la science la plus autorisée, pour la conservation ou l'utilisation de diverses substances.

Cette publication, complément de tous les traités culinaires, sera, nous l'espérons, accueillie par les ménagères comme un véritable service.

ACTUALITÉ.

A l'état normal, et soumis à un travail modéré, l'homme adulte perd toutes les vingt-quatre heures 120 à 130 grammes de substance albumineuse et 280 grammes de carbone : c'est cette perte quotidienne que viennent compenser les aliments réparateurs, afin que la machine humaine, semblable en cela à une machine à vapeur, continue de fonctionner sans usure appréciable.

Cette comparaison du mécanisme de nos organes aux rouages d'une machine à vapeur est exacte en tous points ; comme la machine, nous absorbons du combustible et nous produisons de la force et de la chaleur ; comme elle aussi, par l'expiration et par les sécrétions, nous rejetons de la vapeur d'eau et tout l'acide carbonique qui ne s'est pas assimilé pendant le travail de la digestion.

De la circulation de la matière, chez l'homme comme chez les animaux, résulte, d'une part, la production du travail physique et intellectuel, et, d'autre part, la déperdition de forces, ou, ce qui revient au même, de substance et de poids.

Le rôle de l'hygiéniste et du physiologue est d'indiquer à chacun quels sont les moyens les plus rationnels d'assurer l'existence de chaque jour.

Les aliments peuvent être classés en deux catégories : les aliments albumineux ou réparateurs, et les aliments combustibles ou producteurs du calorique. Entre ces deux séries se placent tout naturellement les substances mixtes ou intermédiaires, telles que le pain, les légumes secs, le lait, le fromage, le beurre et le chocolat. Les aliments réparateurs ou albumineux sont, en première ligne, la viande de boucherie grasse. 100 grammes de bœuf contiennent 21 grammes de substance réparatrice; le poisson salé, 24 à 25 grammes; les œufs, 14 à 15 grammes. Les œufs surtout, ayant la propriété de se conserver assez longtemps, sont un excellent approvisionnement; durcis, ils donnent une quantité de calorique égale au pain, et bien supérieure à la viande maigre, aux pommes de terre, choux, carottes, etc.

Il est donc bien entendu que la disette des viandes maigres n'occasionnerait aucun trouble sérieux dans l'économie, surtout s'il était possible de les remplacer avec avantage par des aliments véritablement substantiels.

La ration quotidienne de chaque adulte peut se composer ainsi : 100 grammes de bœuf, 20 grammes de poisson salé, 750 grammes de pain, 50 grammes de lard, 50 grammes de légumes secs ; au total, 970 grammes d'aliments solides, contenant 88 grammes de substance réparatrice ou albumineuse. L'homme perdant tous les jours 120 grammes de cette substance, il faut, pour rétablir l'équilibre et combler le déficit de 32 grammes, recourir aux aliments auxiliaires.

Parmi ces aliments figurent le fromage et le beurre. Il y a encore le chocolat, le café et le vin. Ces deux derniers ne contiennent, comme on sait, aucune trace de substance albumineuse ; mais ils ont cette propriété remarquable de ralentir sensiblement les phénomènes de la digestion et de fixer dans nos organes une notable partie d'acide carbonique, qui, n'étant plus éliminée, sert à l'entretien de la chaleur.

Le cacao vient après le beurre dans la série des substances alimentaires, et le chocolat qui en contient est un excellent auxiliaire.

Tout le monde connaît par expérience certains effets du café. Ce n'est pas de son action sur le cerveau qu'il s'agit ici. Deux exemples, empruntés aux habitudes de travailleurs les plus éprouvés, indiqueront mieux qu'une longue dissertation ses effets sur une autre partie de notre organisme. Les ouvriers mineurs, après avoir pris à jeun une tasse de ce breuvage modérateur, travaillent pendant huit heures sans prendre d'autre nourriture et sans éprouver aucune fatigue extraordinaire. Les pêcheurs de nos côtes emploient le même spécifique, qui leur permet de résister admirablement aux fatigues multipliées de la vie maritime.

Inutile de faire l'éloge du vin : c'est le cordial par excellence; mélangé ave du sucre blanc ou de la cassonade, il rendra d'immenses services. Un homme peut vivre un mois sans éprouver une déperdition sensible de force, en se soumettant au régime du pain et du vin. N'oublions pas de dire que la croûte du pain contient une fois plus de matière nutritive que la mie, qui renferme 44 pour 100 d'eau.

Un dernier mot.

Les liqueurs fortes de bonne qualité, prises modérément, peuvent être d'un effet salutaire ; mais l'abus en est extrêmement dangereux.

DU CHEVAL

Depuis cinq ans environ le cheval est devenu à Paris la nourriture habituelle d'un certain nombre de personnes. Ce goût, d'ailleurs, est pleinement justifié par les qualités de la viande, qui donne un excellent bouillon et se prête aux autres modes de préparations culinaires.

Quoique plus ferme que la chair du bœuf, la viande du cheval est, quelque étrange que puisse paraître notre assertion, plus saine, plus nourrissante, et plus propre à fournir un bon bouillon.

Les préjugés qui pendant longtemps ont écarté cette viande de l'alimentation publique sont aujourd'hui entièrement dissipés : c'était, il faut bien le dire, affaire d'imagination ; mais grâce au prix élevé qu'avait atteint la viande de bœuf, grâce à la propagande éclairée de quelques sociétés savantes, grâce surtout aux mesures de précaution dont sa vente est entourée, le cheval a fait son entrée définitive sur toutes les tables. Les animaux, en effet, ne sont livrés à la consommation que sous les garanties les plus sérieuses, et il est impossible que ceux qui seraient défectueux en quelques points échappent au contrôle de l'autorité. Les chevaux de boucherie, il faut qu'on le sache, sont soumis à l'inspection d'un vétérinaire préposé par le préfet de police, tant avant l'abattage qu'après le dépeçage de l'animal ; les viscères subissent le même examen, afin de permettre une appréciation complète de l'état de santé de la bête abattue ; les viandes ne peuvent être enlevées de l'abattoir pour être portées à l'étal qu'après avoir été marquées d'une estampille, et à l'étal même la surveillance est exercée par des préposés spéciaux.

Ces diverses mesures, appliquées depuis cinq ans, ont prévenu les abus qui auraient pu s'introduire dans le commerce de la viande de cheval ; et le public en a si bien apprécié l'efficacité, qu'aujourd'hui, nous le répétons, ce ne sont plus les classes ouvrières seulement qui s'approvisionnent de cette viande, on peut constater dans les nombreux étaux ouverts aux Halles centrales et dans les marchés publics, que la clientèle des boucheries de cheval est prise dans toutes les classes de la société.

CHOIX DE LA VIANDE.

Evitez la viande trop foncée de couleur ou qui exhale une forte odeur de venaison; le bon morceau doit se rapprocher de la couleur du bœuf, son fumet doit rappeler presque exactement celui du porc.

Ne recherchez pas une viande trop grasse, le cheval garde mal sa graisse pendant la cuisson, et la viande grasse, dès qu'elle est cuite, devient creuse.

PRÉPARATIONS CULINAIRES.

Les observations suivantes permettront de fixer les conditions d'une bonne préparation de la viande de cheval.

1° Le cheval produit une viande noire qui a beaucoup d'analogie, par son apparence et son fumet, avec celle du cerf; c'est une véritable venaison, à fibres un peu lâches et ondulées : cette contexture lui donne, surtout quand elle est toute fraîche, une élasticité désagréable à la dent.

2° La viande contient peu de jus et l'abandonne à la moindre cuisson. Sa graisse est presque entièrement constituée par de l'oléine (graisse liquide); à peine laisse-t-elle déposer de 10 à 20 pour 100 de graisse concrète à la température de 15 degrés. En raison de cette fluidité, elle sort de la viande à la plus légère chaleur, en même temps que le jus, de sorte qu'un morceau de cheval mis au pot-au-feu comme à l'ordinaire ne représente plus, après la cuisson, qu'une masse fibreuse dépourvue de toute saveur.

3° Enfin la viande de certains chevaux (probablement les entiers) répand un fumet exagéré.

De ce qui précède on peut conclure :

Que la viande de cheval, en tant que viande et abstraction faite du bouillon, ne doit pas être bouillie ;

Que, pour la broche ou le gril, il est nécessaire de l'attendre quelques jours, c'est-à-dire de la faire mariner ;

Que la meilleure préparation consiste à la cuire dans son jus, sous forme soit de *cheval à la mode*, soit de daube ou de pâtés : ces derniers, préparés avec soin, valent ceux de gibier ;

Que la cuisson doit saisir la viande pour lui permettre de conserver son jus et sa graisse à l'intérieur.

Pot-au-feu.

Prenez 1 kilogramme de viande de deuxième catégorie (la première catégorie doit être réservée pour d'autres plats); mettez dans trois litres d'eau, placez sur un feu modéré, salez, enlevez l'écume lorsqu'elle est bien formée, un peu avant l'ébullition ; après deux heures environ de cuisson, ajoutez les légumes : navets, carottes, panais, poireaux, céleri, etc.; continuez à faire bouillir modérément pendant trois à quatre heures, soit cinq à six heures en tout. Si vous avez eu la possibilité d'ajouter au cheval quelques débris de viande de bœuf, les grandes précautions qu'il faut prendre relativement à l'écume sont superflues ; il en est de même encore si vous avez ajouté un peu d'albumine à l'eau froide.

Si l'on tient plus au bouillon qu'au bouilli, il faut prendre de la viande *fraîche* et la placer dans l'eau froide; si l'on tient davantage au bon bouilli, il faut choisir de la viande *reposée*, et la mettre dans la marmite lorsque l'eau est en ébullition.

En jetant la première eau après quelques minutes de cuisson, comme le font à tort plusieurs personnes, on perd une partie des principes nutritifs déjà dissous, et on n'obtient qu'un bouillon affaibli.

Si on le juge à propos, on peut dégraisser le

pot-au-feu avant de le servir; mais il faut se garder de jeter la graisse, on doit la recueillir avec soin pour la cuisine.

Dans les fourneaux économiques, si l'on éprouve quelque difficulté à produire un bouillon limpide, on pourra délayer dans l'eau froide, avant d'y introduire la viande, soit du blanc d'œuf (un blanc pour 12 à 15 litres), soit 1/2 pour 100 d'albumine sèche; l'ébullition donnera, dans ce cas, une écume ferme et facile à enlever.

Au naturel, le bouilli de cheval est peu mangeable ; pour en tirer parti, on l'accommodera soit en miroton ou au gratin, à la manière du bœuf, soit en vinaigrette, dans laquelle on peut parfaitement remplacer l'huile d'olive ou autre par celle de cheval, qui est d'un excellent goût, soit enfin avec une rémolade.

Miroton de cheval

Voici une bonne recette de miroton :

Mélangez à quelques cuillerées de bouillon du persil, de la ciboule, de l'ail, le tout haché; ajoutez sel et poivre. Placez sur le fond d'un plat qui aille au feu votre bouilli coupé en morceaux ; recouvrez la viande avec l'assaisonnement ci-dessus, couvrez, et faites bouillir à petit feu pendant une demi-heure.

Hachis de cheval

Faites fondre quantité suffisante de saindoux ou de graisse de cheval dans un poêlon ; mettez dedans de l'oignon et des fines herbes ; après une dizaine de minutes de cuisson, ajoutez une cuillerée de farine pour faire un roux ; mettez aussi quatre ou cinq cuillerées de bouillon ou de vin blanc. Lorsque l'ébullition a repris son cours, mettez le bouilli haché avec de la chair à saucisse (que l'on peut, au besoin, remplacer par de la pomme de terre hachée ou de la mie de pain) ; ajoutez quelques champignons si vous en avez ; puis laissez mijoter à petit feu pendant une demi-heure.

Rôti de cheval

Le rôti est un plat qui exige un morceau de choix. On en augmente la qualité en le piquant au lard et le faisant mariner deux ou trois jours dans du vin blanc ou du madère avec petits oignons, fines herbes, retournant et arrosant plusieurs fois par jour, selon la saison et l'état de la viande. Le filet, ainsi mariné, est souvent donné, dans nos restaurants, pour de bon chevreuil. Faire rôtir comme le filet de bœuf.

Horse-steacks

Prenez un morceau de filet, enlevez les nerfs,

coupez en tranches de l'épaisseur du pouce et battez-les ; faites mariner dans l'huile de cheval ou dans du beurre fondu, si vous en avez ; placez sur un feu vif, retournez les tranches quand elles sont cuites, mettez dessus gros comme une noix de graisse de cheval maniée avec des fines herbes, du sel, du poivre, du jus de citron, et servez, cuites ou saignantes, au goût du consommateur.

Civet de cheval

Le civet de cheval se prépare avec du filet coupé en morceaux et qu'on fait cuire dans une sauce semblable à celle du civet de lièvre. A défaut de beurre on emploie la graisse de cheval, qui a un grand nombre des propriétés du beurre.

Foie, Cervelle

Le foie et la cervelle de cheval s'emploient de la même façon que ceux de bœuf. Les qualités nutritives et gustatives de ces morceaux ne diffèrent pas sensiblement des parties analogues du bœuf.

Cheval à la mode

Piquez avec du lard (si cela se peut) un morceau de première catégorie un peu *reposé*, faites roussir une cuillerée de farine dans de la graisse de cheval ; mettez la viande, que vous tournez et retournez pour la faire bien *revenir* ; ensuite, mouillez avec quelques cuillerées de bouillon et faites cuire à petit feu. Après deux ou trois heures de cuisson, ajoutez : carottes, petits oignons, poivre, sel, bouquet garni ; faites encore cuire pendant deux ou trois heures, et servez.

Haricot de cheval

Coupez en morceaux du plat-de-côtes ou du pis (parties inférieures de la poitrine et de l'estomac), faites *revenir* dans de la graisse de cheval, ou du lard si vous en avez ; mettez de la farine, faites roussir, ajoutez un peu de bouillon, assaisonnez avec sel, poivre, ail, oignon, bouquet garni ; faites cuire à petit feu pendant deux ou trois heures, puis ajoutez pommes de terre et navets, et continuez à faire bouillir jusqu'à cuisson complète de ces légumes et de la viande.

Langue de cheval braisée

Plongez dans l'eau bouillante jusqu'à ce que la peau se détache par le grattage ; piquez de lard ; placez dans une casserole dont le fond est garni de bandes de lard ; ajoutez sel, poivre, persil, laurier, champignon ou truffe, si vous voulez et si vous pouvez ; versez-y un peu de bouillon et de vin blanc ; recouvrez de bandes de lard ; mettez le couvercle de la casserole et placez sur un feu doux jusqu'à cuisson convenable.

Les qualités nutritives et gustatives de la langue de cheval ne diffèrent pas sensiblement de celles du bœuf.

Cœur de cheval

Il se prépare comme la langue, excepté qu'il n'y a pas lieu de le plonger dans l'eau avant de le piquer au lard.

Rognons de cheval

Les rognons peuvent être préparés comme ceux de bœuf, mais ils sont généralement durs. En tous cas, on ne doit préparer que la couche extérieure, l'intérieure ayant presque toujours un goût désagréable.

Saucisson de cheval

On fait avec la chair de cheval du saucisson ordinaire, à bas prix, et du saucisson de qualité supérieure à un prix plus élevé. Citons, comme exemple, celui fabriqué à Beaucaire par M. Vincent Giraud.

Terrine de cheval

Prenez : faux-filet, 1 kilogramme; jambon, 250 grammes; foie de cheval, 250 grammes; veau, si l'on peut en avoir, à défaut : âne, 250 grammes; sel, poivre, laurier, persil, ail, quantité suffisante; hachez le tout bien fin; placez le hachis dans un vase avec 250 grammes de bandes de lard disposées en trois couches : une au-dessous, une au milieu et une au-dessus du hachis; faites cuire au four.

Graisse de cheval

Il faut noter que la graisse de cheval est d'une finesse et d'une légèreté extrêmes; son odeur, peu prononcée, est celle du saindoux. Elle peut avantageusement remplacer, dans les usages culinaires, toutes les graisses ordinairement employées; elle peut même être utilisée comme huile, dans les salades ou vinaigrettes. C'est aussi une excellente graisse à friture.

ANE ET MULET.

La viande de l'âne est plus délicate que celle du mulet, et la viande du mulet est meilleure que celle du cheval. La chair de l'âne est rose, elle est beaucoup plus ferme que celle du cheval. Toutes les personnes qui en ont fait usage s'accordent à déclarer que, par sa saveur agréable et ses qualités nutritives, elle rappelle le veau, quelques unes même disent la fine volaille. A notre avis, c'est la plus appréciable conquête que l'alimentation publique ait faite depuis longtemps.

Les viandes de mulet et d'âne se prêtent d'ailleurs aux mêmes préparations que celle de bœuf. Nous nous permettons de recommander tout particulièrement aux gourmets le filet ou faux-filet d'âne cuit dans son jus à la casserole avec quelques oignons.

SALAISONS ET CONSERVES.

Les poissons salés, les viandes salées ou fumées avec soin se conservent très-longtemps; mais quand ces opérations sont incomplètes, ces substances peuvent être envahies par des moisissures et des larves d'insectes. Il importe de les visiter fréquemment, de les garder dans un lieu sec, enveloppées, si cela se peut, dans une gaze.

Les jambons peuvent être suspendus dans les cheminées, la fumée les préserve.

La dessiccation, le sel, le poivre, assurent la conservation des saucissons ; quand leur consistance devient molle, que leur odeur se modifie, il faut les cuire immédiatement.

Les causes d'altération des fromages sont les mêmes que celles des viandes salées; il convient de les conserver dans des lieux secs et de les visiter souvent.

Les boudins sont très-altérables, il ne faut pas en faire provision.

Les œufs se conservent dans des vases remplis d'eau dans laquelle on ajoute 10 grammes environ de chaux par litre.

Les fruits doivent être placés sur des planches dans un lieu sec, frais, mais non exposé à la gelée. Ils doivent être isolés et visités souvent.

Les choux, les choux-fleurs, les salades et la plupart des légumes doivent être conservés d'après les mêmes indications.

Les pommes de terre seront gardées dans des paniers ou caisses ouvertes, le moins accumulées possible. On doit séparer avec soin celles qui sont ou tachées ou imparfaitement mûres, pour les consommer les premières, car elles se gâteraient et gâteraient les autres; il faut de plus les visiter fréquemment.

Les carottes, les navets, les poireaux, le céleri peuvent être gardés à la cave, dans du sable sec, après en avoir soigneusement, s'il y a lieu, enlevé les parties gâtées; nonobstant il est bon de les visiter souvent.

La cuisson des viandes salées dépend de leur état

de salaison ; il faut donc les traiter suivant qu'elles sont ce qu'on appelle salées ou demi-salées.

VIANDES SALÉES.

Pour les viandes salées d'Amérique ou pour celles de France destinées à la marine, il faut les faire tremper pendant cinq ou six heures dans de l'eau froide, et, si elles sont très-salées, il est nécessaire de les mettre de nouveau dans de l'eau froide qu'on laisse arriver doucement à un commencement d'ébullition. Cette eau sera jetée et on fera cuire comme suit :

Bœuf salé bouilli.

Mettez la viande dans de l'eau froide avec des légumes, soit carottes, choux, etc.; faites bouillir doucement, en moyenne un quart-d'heure d'ébullition par 500 grammes, si le morceau pèse 1,500 grammes ou au-dessus. S'il ne pèse que 500 ou 1,000 grammes, l'ébullition devra se faire à raison de vingt minutes par 500 grammes. Retirez ensuite le bœuf et les légumes qui sont également cuits, et mangez chaud. Conservez le bouillon.

Si l'on désire manger le bœuf froid, il peut se conserver plusieurs jours comme le jambon, et si l'on veut l'employer pour en faire de la soupe, on peut le faire recuire comme un pot-au-feu ordinaire dans le bouillon qu'on a conservé, lequel peut aussi se garder plusieurs jours.

Avec ces trois manières de faire vous avez :
1° Du bœuf bouilli chaud ;
2° Du bœuf froid ;
3° Un bouillon et un bouilli aussi bon qu'avec de la viande fraîche.

Braisé ou Bœuf salé à la mode

Faites dessaler comme pour le bœuf bouilli et cuire comme un bœuf à la mode ordinaire.

Bifteck

Coupez par tranches d'environ un demi-pouce d'épaisseur, faites tremper dans de l'eau presque bouillante pendant environ cinq minutes, et si la viande est très-salée, laissez l'eau arriver à l'ébullition. Retirez et séchez avec une serviette ; faites cuire dans la poêle avec du beurre ou de la graisse, laissez sur le feu un peu plus longtemps que le jambon.

VIANDES DEMI-SALÉES

Les viandes demi-salées n'ont pas besoin d'être trempées aussi longtemps dans l'eau froide. Elles sont accommodées de la même façon que les viandes plus salées. Le demi-salé est, comme nourriture, certainement aussi bon que la viande fraîche.

Conservation du lait.

De tous les moyens qui ont été proposés pour conserver pendant un long intervalle un lait pur et liquide, le plus efficace est le suivant:

On chauffe le lait au bain-marie dans des vases à fond plat et peu profonds, en ajoutant 60 grammes de sucre par litre de lait. On laisse réduire le lait jusqu'au cinquième de son volume primitif, en l'agitant continuellement avec une spatule. On en remplit ensuite des boîtes en fer-blanc, qu'on tient immergées pendant une demi-heure dans un bain-marie chauffé à 105 degrés. Quand ces boîtes ont été soudées à l'étain, le lait qu'elles contiennent se conserve indéfiniment.

Pour avoir le lait normal ou revivifié, on ajoute à la conserve quatre fois son poids d'eau. Le lait ainsi préparé résiste aux plus longs voyages.

Conservation du beurre.

Exposé à l'air, le beurre s'altère peu à peu. Il change de couleur, devient âcre au goût, et prend une odeur rance toute spéciale. Cette altération provient d'une véritable fermentation, dans laquelle, sous l'influence de l'oxygène de l'air, la substance grasse se décompose et donne naissance à des acides gras volatifs, dont l'odeur est très-forte.

Tous les procédés ayant pour objet la conservation du beurre agissent en paralysant l'action du lait resté dans le beurre ; ce lait, contenant de la caséine et de l'albumine, se comporte, en effet, comme un ferment, et provoque la rancidité du corps gras.

En enfermant le beurre dans des pots, et recouvrant sa surface d'eau ou de charbon en poudre, on le préserve du contact de l'air, et l'on prévient ainsi son altération. En le mélangeant de sel, on empêche l'action du ferment; en le fondant, on détruit par la chaleur ce même ferment, en même temps qu'on élimine l'eau et l'air.

Tous ces procédés sont très-efficaces pour la conservation du beurre.

Le siège de Paris a été, au point de vue culinaire, un enseignement pour tout le monde : il a fait justice de beaucoup d'habitudes considérées à tort comme des besoins, des nécessités absolues. Ainsi pour le beurre : qui eût jamais pensé que le beurre pourrait disparaître de la circulation sans causer un malaise intolérable, une privation douloureuse aux citadins ? Et cependant le saindoux s'est substitué au beurre, pour le plus grand nombre des usages de nos cuisines, sans transition appréciable, sans que le palais, nous parlons des plus fins, en fût sensiblement averti, à tel point que bon nombre de ménagères ont pris la résolution, alors même que le beurre redeviendra abondant comme par le passé, de s'en tenir au saindoux, à moins que l'aristocratique substance ne consente à rabattre de son prix élevé.

Imprimé par Charles Noblet, rue Soufflot, 18.

www.ingramcontent.com/pod-product-compliance
Lightning Source LLC
Chambersburg PA
CBHW070539050426

42451CB00013B/3089